Etapa alfabética, Vo

Palabras
a su paso

Salón de clases

SAVVAS
LEARNING COMPANY

SAVVAS
LEARNING COMPANY

ISBN-13: 978-1-4284-4240-5
ISBN-10:   1-4284-4240-5
8 2022

Contenido

El sonido inicial de las vocales **Aa** y **Oo**

Grupo 1

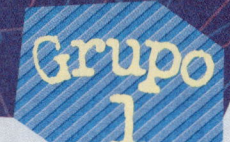

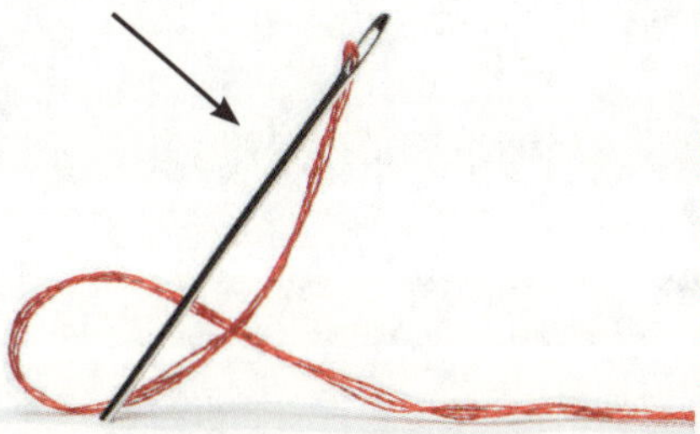
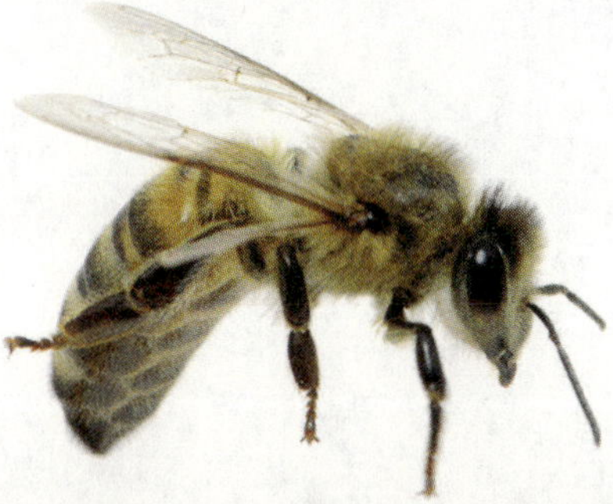
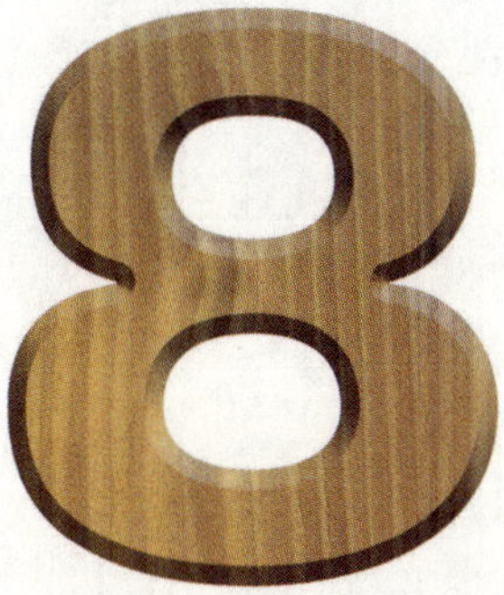
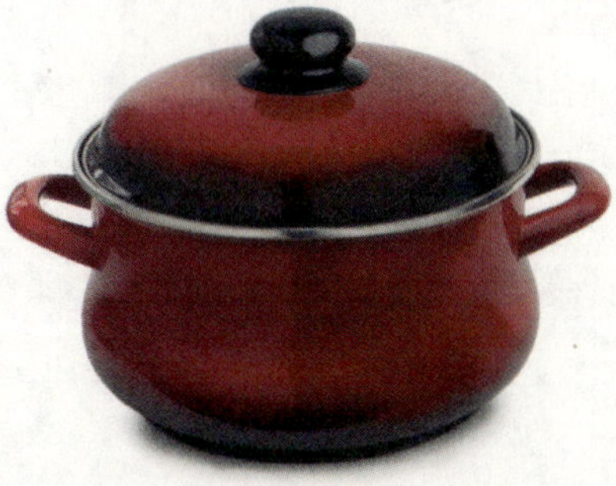
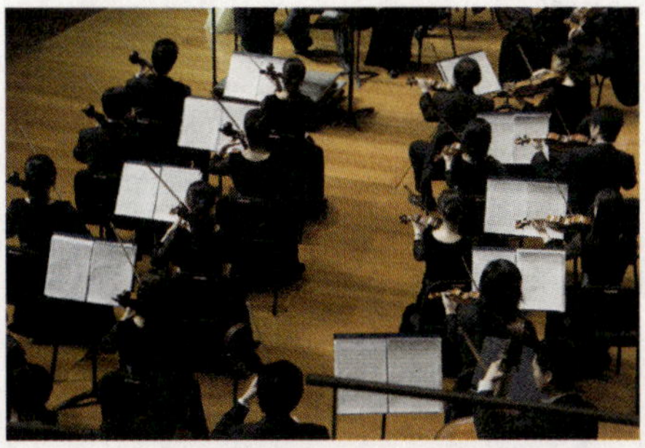
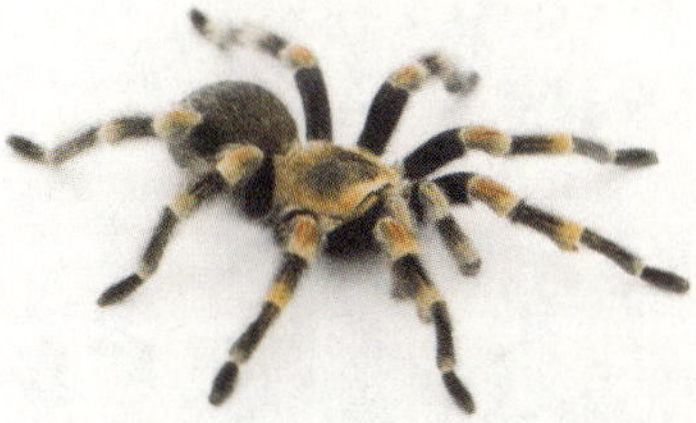
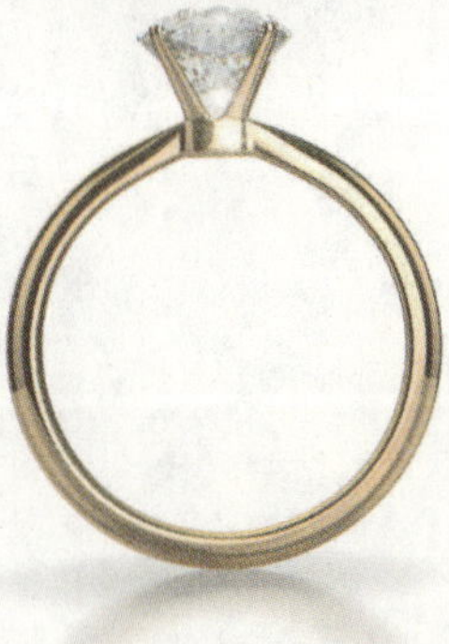
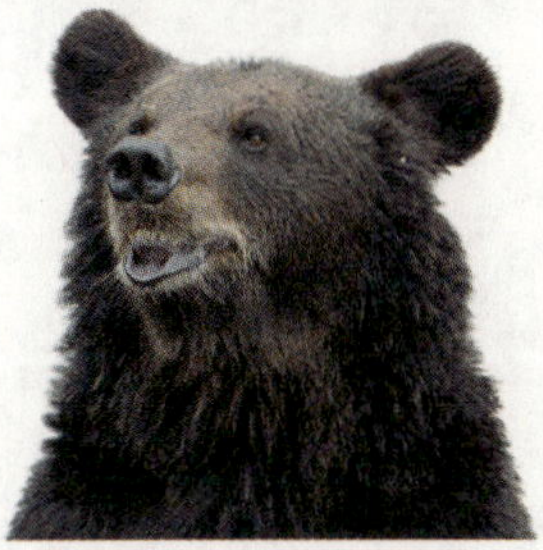
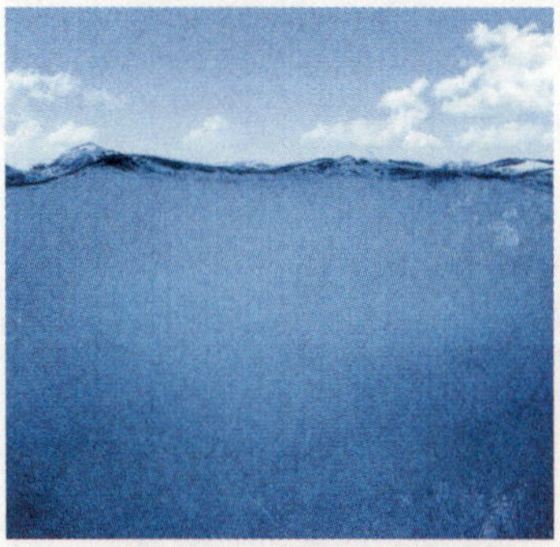
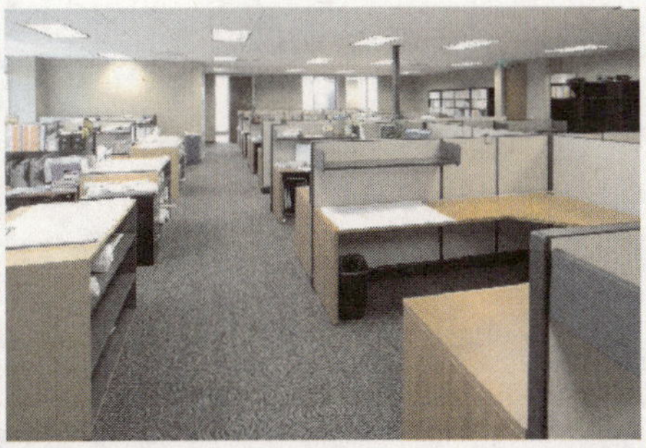
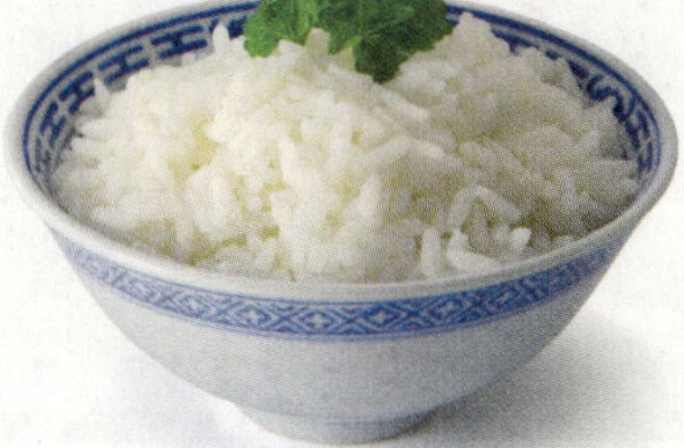
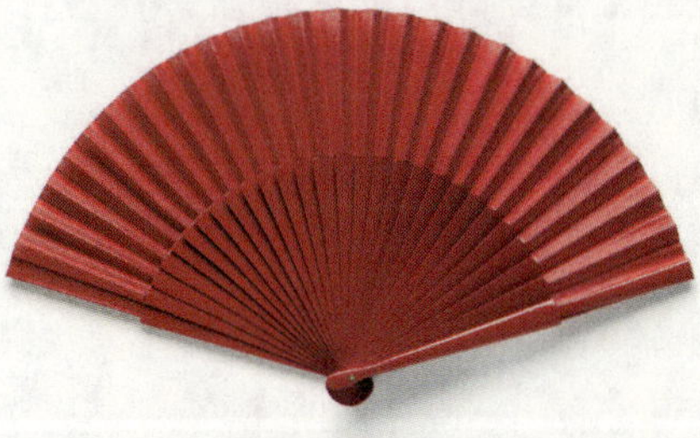

Oo

Aa

 Dibuja dos cosas que empiecen con Aa y dos cosas que empiecen con Oo. Escribe las palabras lo mejor que puedas debajo de cada dibujo.

Aa

Oo

Grupo 1: El sonido inicial de las vocales Aa y Oo

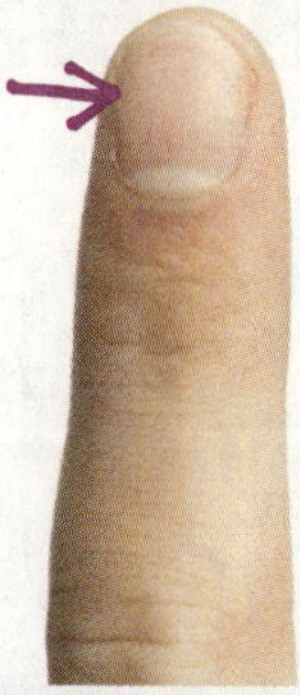

Uu

Ee

 Dibuja dos cosas que empiecen con **Ee** y dos cosas que empiecen con **Uu.** Escribe las palabras lo mejor que puedas debajo de cada dibujo.

Ee	Uu 1

El sonido inicial de las vocales **Ii** y **Aa**

Grupo 3

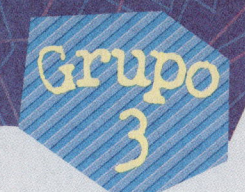

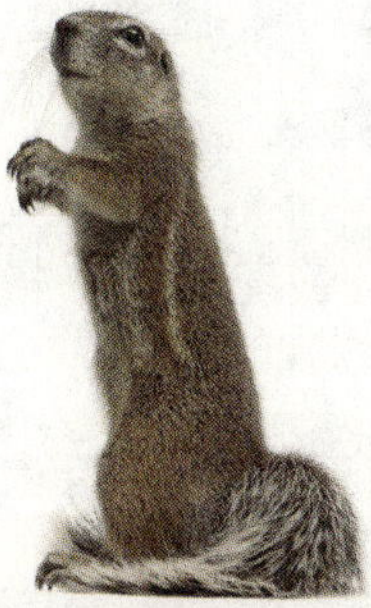
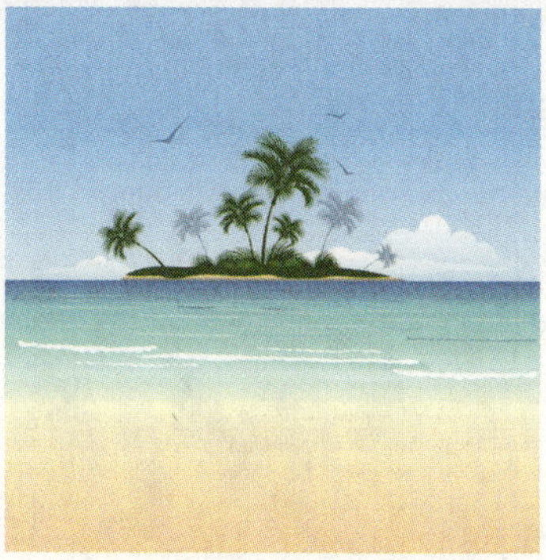
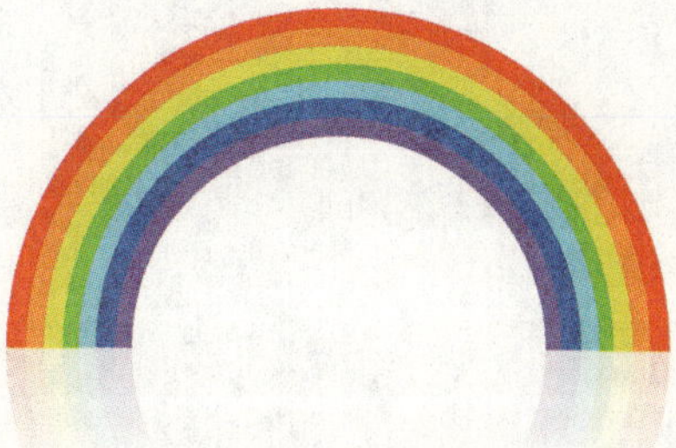
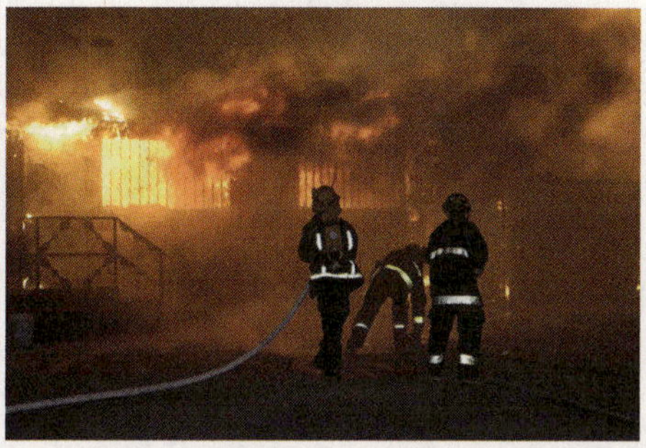
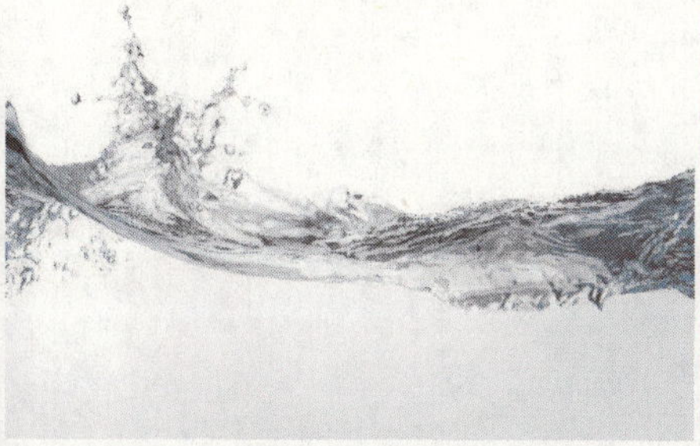
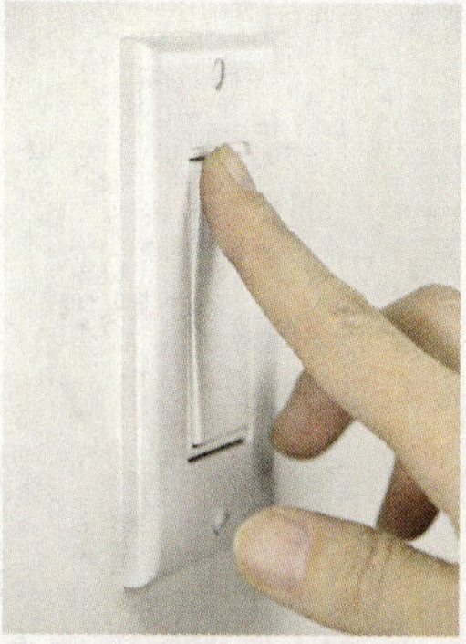
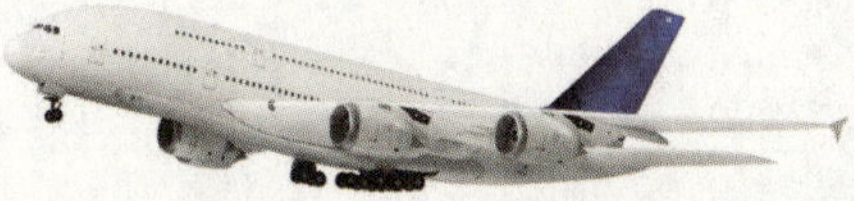
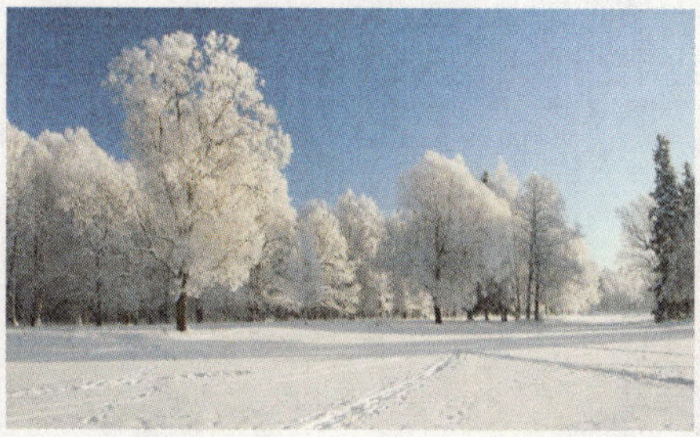
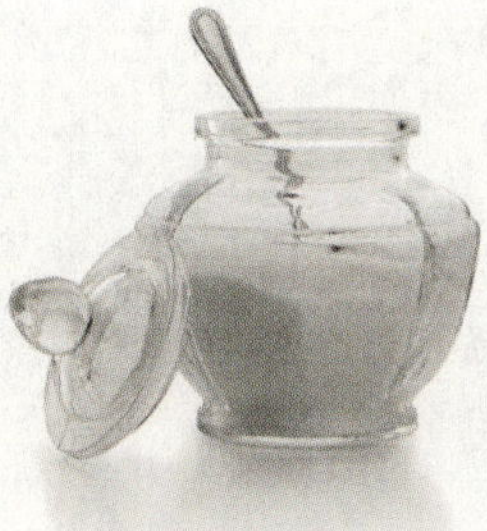
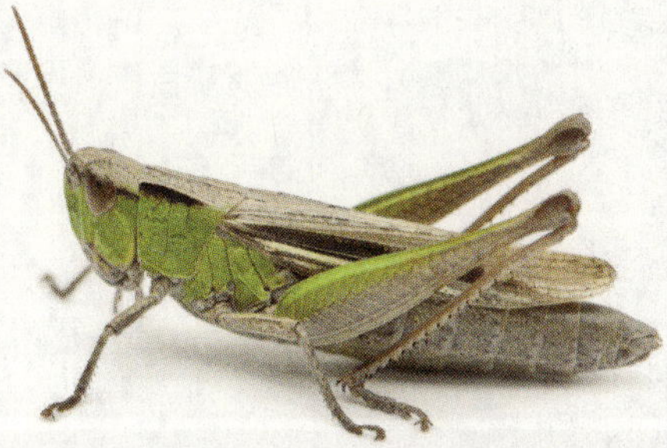
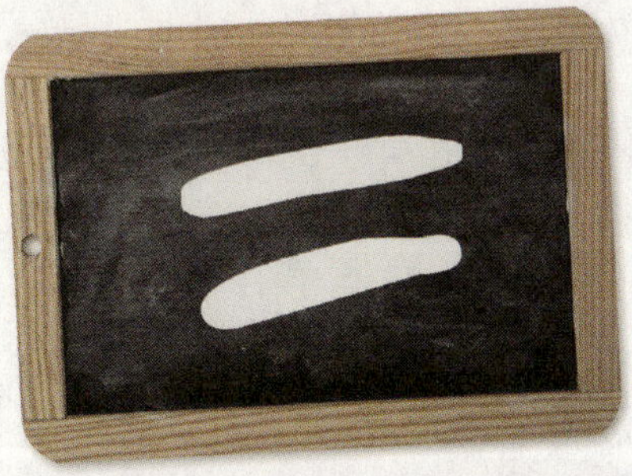
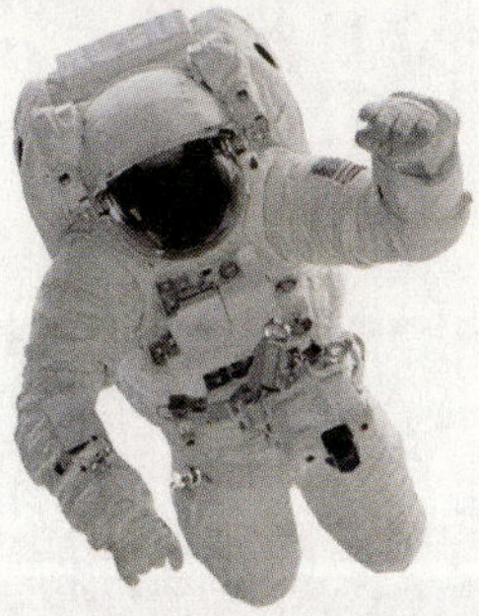

Aa

Ii

 Dibuja dos cosas que empiecen con Ii y dos cosas que empiecen con Aa. Escribe la palabra lo mejor que puedas debajo de cada dibujo.

Ii

Aa

Grupo 3: El sonido inicial de las vocales Ii y Aa

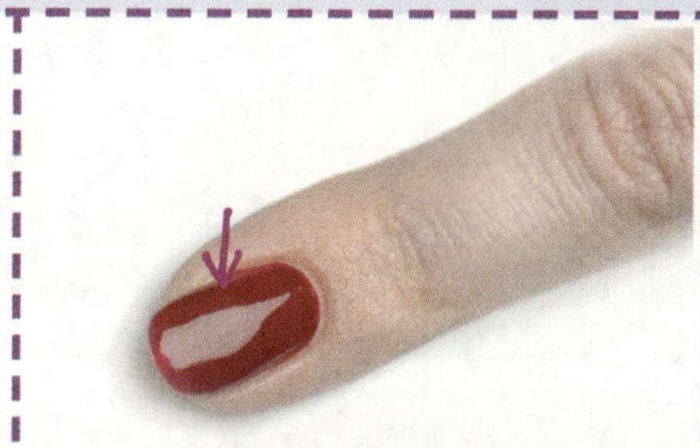

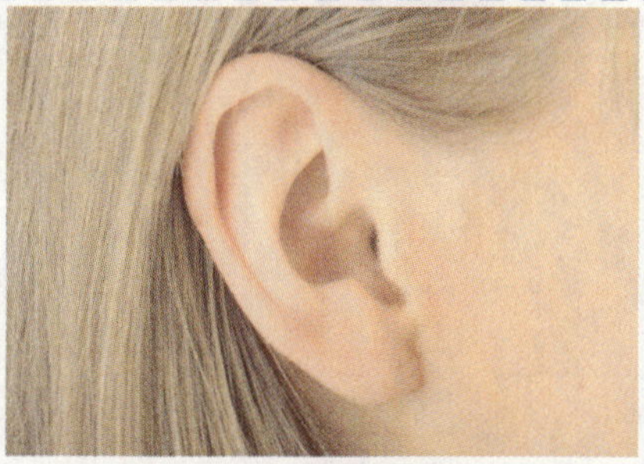

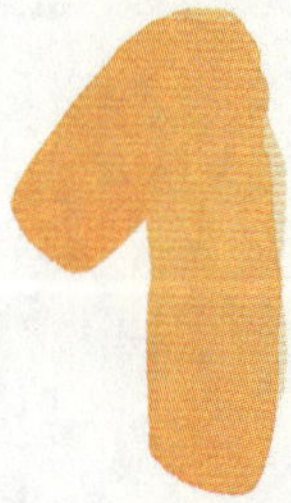

Oo	Ii	Uu

 Dibuja una cosa que empiece con Oo, dos cosas que empiecen con Ii y una cosa que empiece con Uu. Escribe la palabra lo mejor que puedas debajo de cada dibujo.

Oo **8**

Ii

Uu **1**

Ii

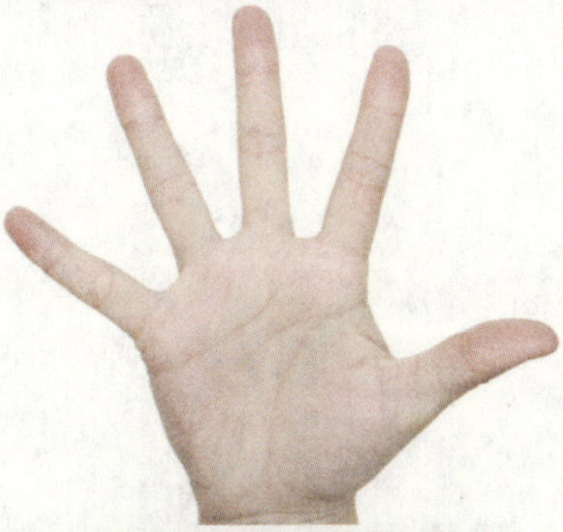

Ss

Mm

 **Dibuja dos cosas que empiecen con Mm y dos con Ss. Escribe las palabras lo mejor que puedas debajo de cada dibujo.**

Mm

Ss

sa		su
me	mi	
1+2=3	so	si
se	ma	
mu		mo

m

s

Nombra cada ilustración. Escribe la primera sílaba debajo de cada ilustración.

Mm

Ss

Mm

Ss

Mm

Ss

Grupo 6: Sílabas abiertas con m, s

Pp

Ll

 Dibuja dos cosas que empiecen con Ll y dos que empiecen con Pp. Escribe la sílaba con que empieza cada palabra debajo de cada dibujo.

Ll

Pp

pu	li	
	lo	pe
le		pi
	po	la
pa	lu	

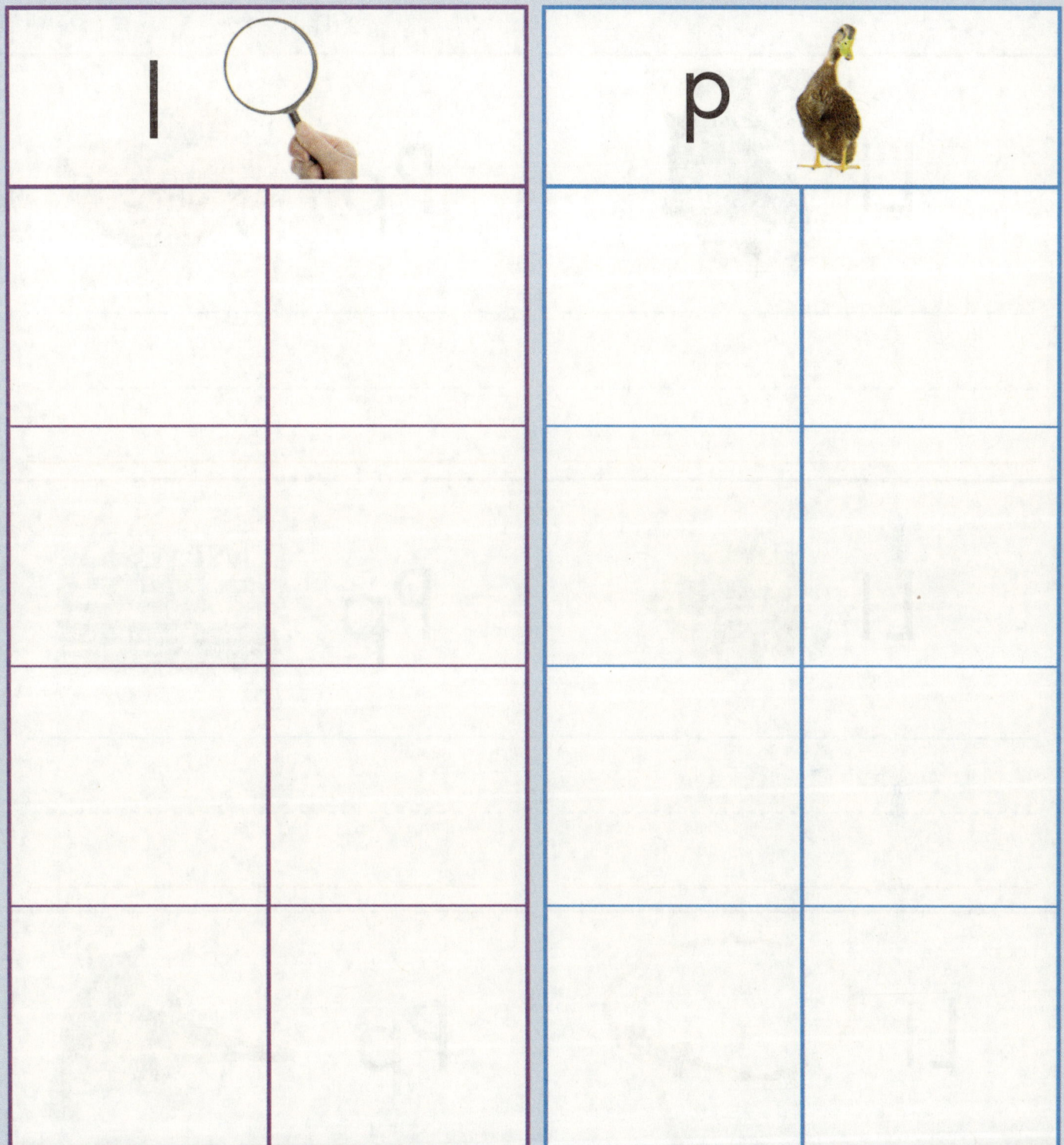

l

p

Ll

Pp

Ll

Pp

Ll

Pp

 sapo

sopa  mesa

pesa

suma lupa

pala  mula

  sala

Ilustración	Palabra	Ilustración	Palabra
	mapa		

Escribe las sílabas que faltan para completar las palabras.
Escribe o dibuja las palabras en el espacio en blanco.

pe + lo = _____

pa + ____ = _____

so + ____ = _____

sa + ____ = _____

____ + pa = _____

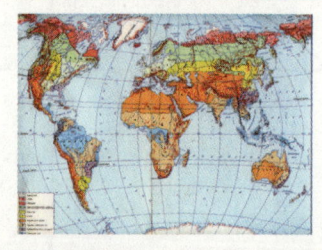

pe + ____ = _____

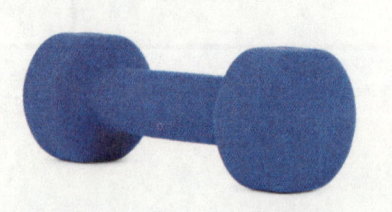

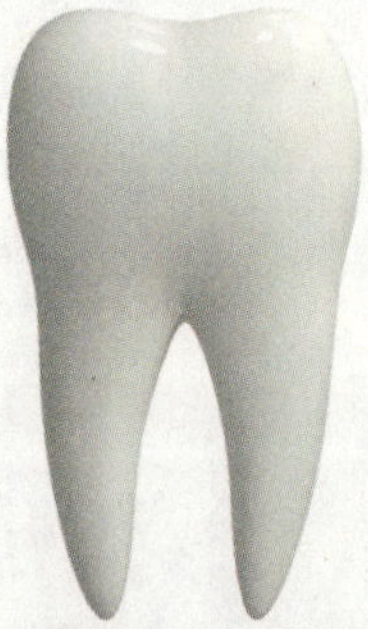

Dd

Nn

 Dibuja dos cosas que empiecen con Nn y dos que empiecen con Dd. Escribe la primera sílaba de cada palabra debajo de cada dibujo.

Nn **9**

Dd **10**

Grupo 10: Sonidos iniciales de n, d

du	na	
	do	ni
	de	
ne		da
di	no	nu

n

d

 Nombra cada ilustración. Escribe la primera
sílaba debajo de cada ilustración.

Nn

Dd

Nn

Dd

Nn

Dd

lata	palo	
nudo		pato
	lodo	
sapo		mano
	dama	
mesa		

Ilustración	Palabra	Ilustración	Palabra
	luna		

Escribe las sílabas que faltan para completar las palabras. Escribe o dibuja las palabras en el espacio en blanco.

pe + _lo_ = _____

_____ + lo + ma = _____

sa + li + _____ = _____

_____ + lu + che = _____

_____ + da = _____

_____ + pi + no = _____

Grupo 13

Gg

Tt

Dibuja dos cosas que empiecen con Tt y dos que empiecen con Gg. Escribe las palabras lo mejor que puedas debajo de cada dibujo.

Tt

Gg

Grupo 13: Sonidos iniciales de t, g

ta		gu
	ga	te
go		tu
	ti	ga
to	gu	

t	

g	

 Nombra cada ilustración. Escribe la primera sílaba debajo de cada ilustración.

Tt

Gg

Tt

Gg

Tt

Gg

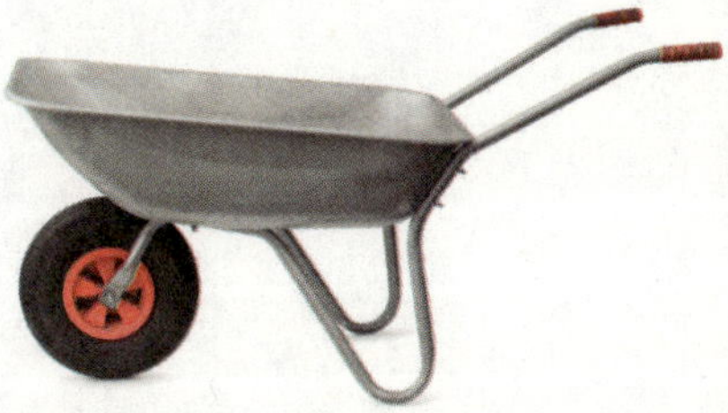

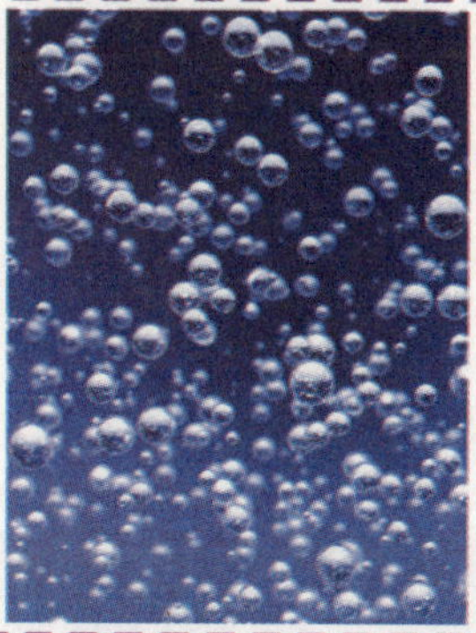

Cc

Bb

 Dibuja dos cosas que empiecen con el sonido de **Bb** y dos que empiecen con el sonido de **Cc** fuerte. Escribe las palabras lo mejor que puedas debajo de cada dibujo.

Bb

Cc

Grupo 15: Sonidos iniciales de b, c fuerte

ca		bu
ba	cu	
co	ca	be
bo		bi
	cu	

b	c fuerte

 Nombra cada ilustración. Escribe la primera sílaba debajo de cada ilustración.

Bb

Cc

Bb

Cc

Bb

Cc

seca

casa

duna

nabo

pico

babosa

lobo

malo

cola

Ilustración	Palabra	Ilustración	Palabra
	beso		

 Escribe las sílabas que faltan para completar las palabras. Escribe o dibuja las palabras en el espacio en blanco.

cu + _bo_ = _____

_____ + da = _____

pi + _____ = _____

_____ + lo = _____

_____ + ca = _____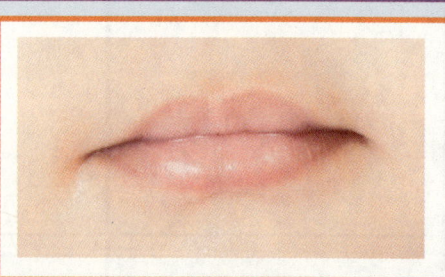

ca + _____ = _____

Grupo 17: Sílabas abiertas con c, b, n, d, m, s, l, p

Ch ch

Ff

Dibuja dos cosas que empiecen con Ff y dos que con Ch ch. Escribe las palabras lo mejor que puedas debajo de cada dibujo.

Ff	Ch ch

fo	chu	fa
	chi	fu
fe		
	fi	che
cha		cho

f

ch

 Nombra cada ilustración. Escribe la primera sílaba debajo de cada ilustración.

Ff	Ch ch
Ff	Ch ch
Ff	Ch ch

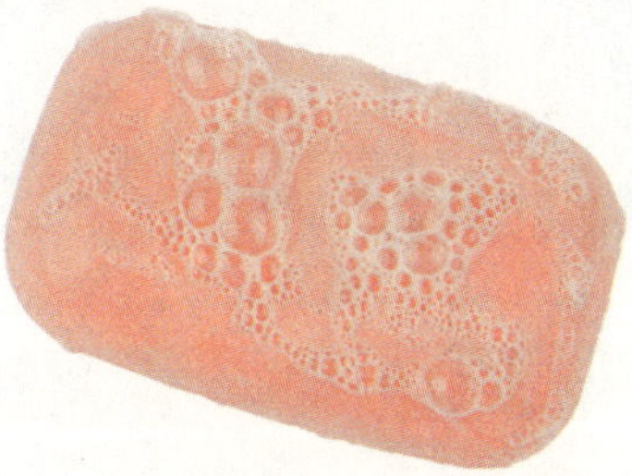

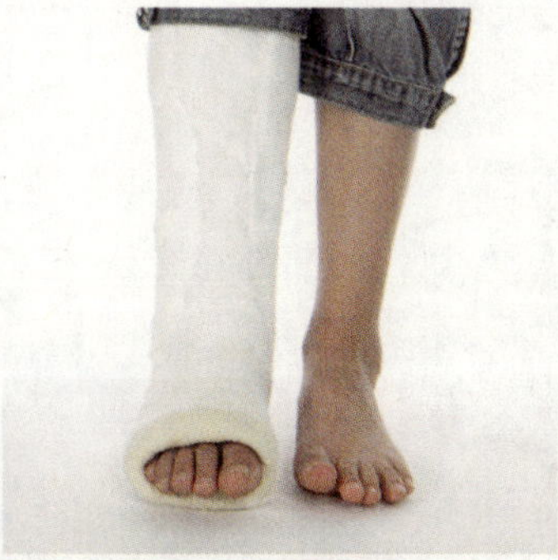

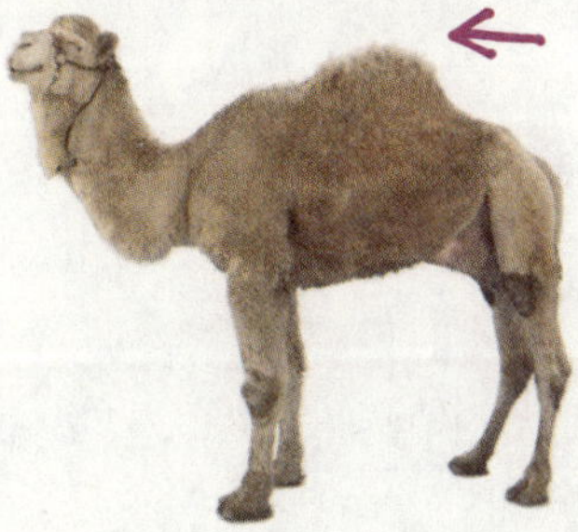

J j

Y y

 Dibuja dos cosas que empiecen con Yy y dos que empiecen con Jj. Escribe las palabras lo mejor que puedas debajo de cada dibujo.

Yy

Jj

Grupo 20: Sonidos iniciales de y, j

ya	jo	
	yo	ja
ju		ye
yi	je	
	yu	ji

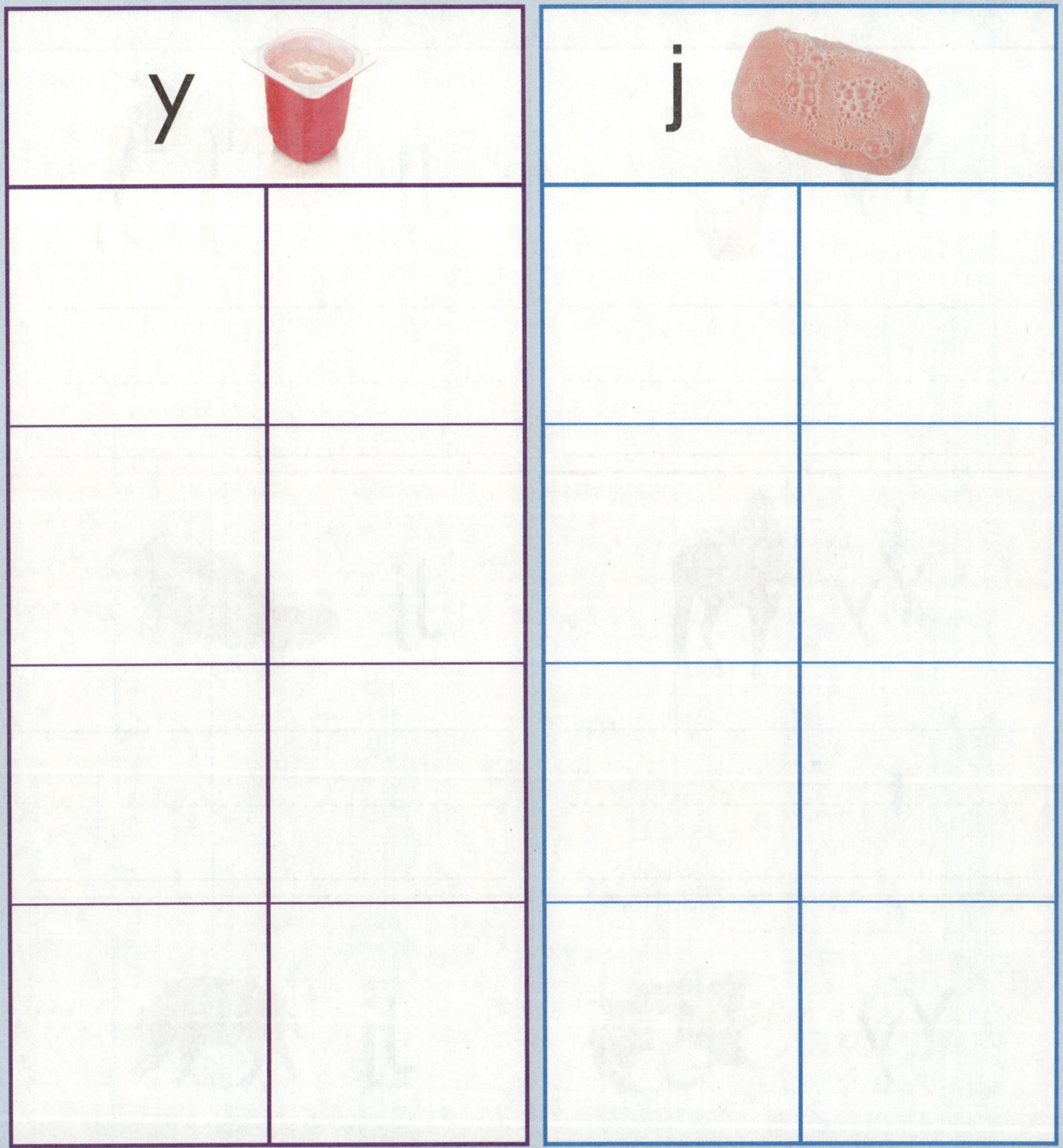

Yy

Jj

Yy

Jj

Yy

Jj

Grupo 21: Sílabas abiertas con y, j

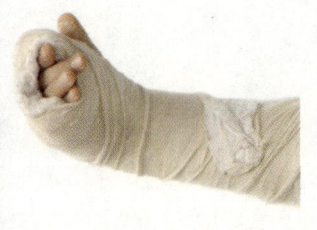

chaleco

baya

molino

lobo

foca

noche

babosa

yeso

jefe

saco

Ilustración	Palabra	Ilustración	Palabra
	babosa		

lu +  cha = _____

_____ + yo = yoyo

_____ + co = _____

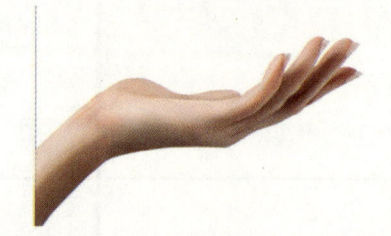

ma + _____ = mano

_____ + go = _____

_____ + ro = faro

Rr

Vv

Dibuja dos cosas que empiecen con Vv y dos que empiecen con Rr. Escribe las palabras lo mejor que puedas debajo de cada dibujo.

Vv

Rr

 	vu	
va	ri	vo
re	ru	
	ra	ve
vi		ro

v

r

Vv

Rr

Vv

Rr

Vv

Rr

yema	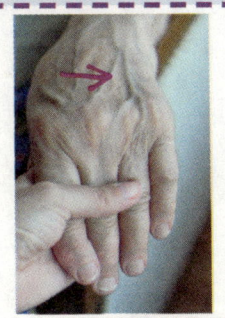	cabra	
nota		foto	dedo
	vena		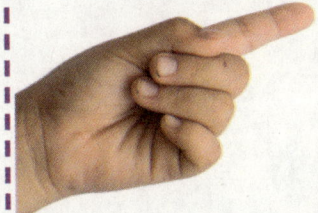
	beso		rana
chiles		jugo	 Buenos días

Ilustración	Palabra	Ilustración	Palabra
	foto		

 Escribe la sílaba que falta. Escribe o dibuja la palabra en el espacio en blanco.

_____
- - - - - - -
_____ + mo = ramo

ro + _____ = _____

_____ + to = _____

_____ + ta = ruta

va + _____ = _____

_____ + sa = _____

Grupo 25: Sílabas abiertas con v, r, f, ch, y, j, c, b, n, d

	dos		más
mil		sal	col
		1000	pan
sol	2	mes	
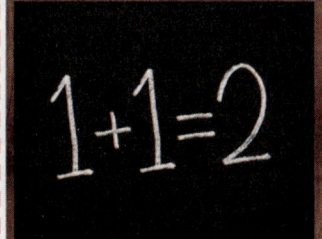	bol		mar

Ilustración	Palabra	Ilustración	Palabra
	col		

Completa la sílaba que falta. Escribe o dibuja la palabra en el espacio en blanco.

_____ + to = _____

pa + _____ = papel

_____ + da = _____

_____ + ta = costa

_____ + ca = _____

ja + _____ = jamón

 Nombra cada ilustración. Escribe la
palabra debajo de cada ilustración.

1.	2.	3.	4.
5.	6.	7.	8.
9.	10.	11.	12.
13.	14.	15.	16.

 Nombra cada ilustración. Escribe la palabra debajo de cada ilustración.

1.	2.	3.	4.
5.	6.	7.	8.
9.	10.	11.	12.
13.	14.	15.	16.
17.	18.	19.	20.

Verificar 2: Sílabas abiertas con c, b, n, d, m, s, l, p, t

 Nombra cada ilustración. Escribe la primera letra de cada nombre, en mayúscula y en minúscula.

1.	2.	3.	4.
5.	6.	7.	8.
9.	10.	11.	12.
13.	14.	15.	16.
17.	18.	19.	20.

Verificar 3: Palabras con v, r, f, ch, y, j, c, b, n, d, m, s, l, p   107

 Nombra cada ilustración. Escribe la combinación de consonantes fl, bl, cl o pl que contiene cada nombre.

1.

2.

3.

4.

5.

6.

7.

8.

9.

10.

11.

12.

13.

14.

15.

16.

17.

18.

19.

20.

Photographs

Unless otherwise noted, all interior photographs courtesy of Fotolia.